Sabores do Rum 2023

Cozinha com o sabor do Caribe

Carlos Menezes

Resumo

- PARROT BAY MANGO MADNESS 12
- PAIXÃO DE PAPAGAIO 13
- DAIQUIRI DE MARACUJÁ (COQUETEL PARA BRUNCH) 14
- PAIXÃO DE BELIZE 15
- PASSIONPOLITAN 16
- O PÁTIO 17
- PAULISTANO 18
- PB BREEZE 19
- DAIQUIRI DE BANANA PÊSSEGO 20
- DAIQUIRI DE PÊSSEGO 21
- PÊSSEGO MELBA 22
- PUNCH DE PÊSSEGO 23
- FLOR DE PEREIRA 24
- PUNCO PELICANO 25
- PIÑA COLADA MARTINI 26
- RESPINGO DE ABACAXI 27
- TWIST DE ABACAXI 28
- PINEAPPLETON 29
- LIMONADA ROSA 30
- ORQUÍDEA ROSA 31
- PANTERA COR DE ROSA 32
- PLANETA ROSA 33
- PINKY E O CAPITÃO 34
- PIÑO FRIO 35
- SOCO DO PIRATA 36

PERFURADOR DO PLANTADOR	37
PLANTADOR	38
MAIS H	39
POINCIANA	40
POMA-MAMA-BU	41
PORTA REAL	42
PRESIDENTE	43
PRINCESA MORGAN	44
PROFESSORA E MARY ANNE	45
CAPPUCCINO DE RUM PORTO-RIQUENHO	46
TEMPERO DE ABÓBORA	47
ILHAS DE PUNCH	48
ORVALHO ROXO	49
PAQUERA ROXA	50
PUNÇÃO PYRAT	51
PYRAT XO REFRESHER	52
PECADO DE PYRAT	53
QUARTE DEK	54
QUEENS PARK SWIZZLE	55
R&B	56
LIMITE DO PILOTO	57
FRAMBOESA COLADA	58
FROST DE FRAMBOESA	59
LIMONADA DE FRAMBOESA	60
HAVAIANO VERMELHO	61
MÃE VERMELHA	62
RHUMBA VERMELHO	63

REDRUM NA PRAIA	64
REDRUM TSUNAMI	65
RED VELVET VICE	66
REGGAE PUNCH	67
RESERVA MAI TAI	68
RICCO	69
RIKI TIKI	70
CULTURA ROOTS 'N'	71
DAIQUIRI REAL	72
CHÁ REAL	73
RUBI REY MANHATTAN	74
TODDY QUENTE DE RUM	75
PONCHE DE LEITE DE RUM	76
RUM-RITA	77
RUM RUNNER	78
RUM RUSSO	79
RUM SNATCH	80
RUMMY SOUR	81
SELO RUSSO	82
SANDBAR SMASH	83
COQUETEL SAN JUAN	84
SIDECAR DE SAN JUAN	85
SAN JUAN SLING	86
MOLHO SECRETO DO PAPAI NOEL	87
ESCORPIÃO	88
SODA Scream	89
LUGAR SECRETO	90

SEXO NO BARBADOS (RECEITA DE FESTA) 91
SEXO NO BARCO 92
SHILLELAGH 93
NAUFRÁGIO 94
MÉDICO DO NAVIO 95
Imediato 96
ESTRELA CATANTE 97
SHOWTUNE 98
SIENA 99
SKIPPER TAMBÉM 100
SLAPSTICK 101
SNOWBERRY 102
COQUETEL DA CIDADE ESPANHOLA 103
SPICEBERRY 104
MARTINI DE MAÇÃ COM ESPECIARIAS 105
DAIQUIRI DE BANANA COM TEMPERATURA 106
JAVA COM ESPECIARIAS SUAVE 107
ITALIANO PICANTE 108
SPUNKY GATOR 109
STARR AFRICAN MEL RAINHA 110
STARR COBBLER 111
STARR HONEYSUCKLE 112
ESTRELA 113
STING WRAY 114
MALIBU PINEAPPLETINI 115
RUM-BALL DE MALIBU 116
MALIBU SOL 117

MALIBU CHUVA DE VERÃO 118
BRONZEADO DE MALIBU 119
DOCE PECADO DE MALIBU 120
MALIBU TEQUILA BANANA 121
MALIBU TROPICAL BANANA SEX-A-PEEL 122
BRISA TROPICAL DE MALIBU 123
EXPLOSÃO TROPICAL DE MALIBU 124
MALIBU OASIS TROPICAL 125
SANGRIA TROPICAL DE MALIBU 126
MALIBU TROPICAL SOUR 127
NASCER DO SOL TROPICAL DE MALIBU 128
MALIBU VANILLA BANANA-TINI 129
MALIBU VANILLA DREAM 130
MAMA WANA 131
MAMBO REI 132
comedor de homens 133
BAJITO DE MANGA 134
DAIQUIRI DE MANGA (OU GOIABA) 135
MANGA FROZEN DREAM 136
MANGO MADRAS 137
MANGA MAI TAI 138
MANGO MAMBO 139
ESPUMANTE DE MANGA 140
MARTI MOJO 141
MARY PICKFORD 142
ESPECIAL EM MIAMI 143
MILIONÁRIO 144

O MILIONÁRIO E SUA ESPOSA 145

MISSÃO LOUCA 146

MO BAY MARTINI 147

MOJITO (MANGA DE ASSINATURA 267) 148

MOJITO (MAÇÃ PERA) 149

MOJITO (ABELHA) 150

MOJITO (BERMUDA OURO) 151

MOJITO (MAÇÃ GRANDE) 152

MOJITO (CAL BRINLEY) 153

MOJITO (COCO RUM) 154

MOJITO (PEPINO) 155

MOJITO (GENGIBRE) 156

MOJITO (GRAND MELON) 157

MOJITO (LIMÓN RUM) 158

MOJITO (BACARDI DE BAIXA CALOR) 159

MOJITO (MALIBU MANGO) 160

MOJITO (MARACUJÁ DE MALIBU) 161

MOJITO (MILIONÁRIO) 162

MOJITO (MALIBU NOCHE BLANCA) 163

MOJITO (O) 164

MOJITO (ORIGINAL BACARDI) 165

MOJITO (RUM VERMELHO DE PÊSSEGO) 166

MOJITO (SONNY'S) 167

MOJITO (PICANTE) 168

MOJITO (TRADICIONAL/CUBANO) 169

MOJITO (CLUBE DA ÁGUA) 170

MOJITO (WILD BERRY) 171

MOJITO (INVERNO)	172
MOJITO MARTINI	173
SANGRIA DA MÃE	174
ESPECIAL MACACO	175
CHAVE DE MACACO	176
MONTEGO MARGARITA	177
VELA DE LUAR	178
A BOLA DE CAMINHÃO DE MORGAN	179
MORGAN'S JOLLY ROGER	180
VERMELHO DE MORGAN	181
MORGAN'S Spiced RUM ALEXANDER	182
A MERCADORA DE MORGAN	183
O MOUNT GAY GRINDER	184
SENHOR. LAMBER	185
BTT E GENGIBRE	186
GRITO ABAFADO	187
MOLHO DE MAÇÃ DE MYERS	188
ONDA DE CALOR DE MYERS	189
POTE DE MEL DE MYERS	190
GOTA DE LIMÃO DE MYERS	191
LAGARTO DO MYERS'S LOUNGE	192
MYERS'S RUM E TROPICAL HOT COCOA	193
BARRIL DE RUM DE MYERS	194
MYERS'S RUM COSY	195
MYERS'S RUM HOLIDAY GROG	196
NOG DE FERIADO DE RUM DE MYERS	197
MYERS'S RUM PLANTER'S PUNCH	198

SHARKBITE DE RUM DE MYERS	199
COQUETEL SUNSHINE DE RUM MYERS	200
SIZZLER DE MYERS	201
PUNCH DE BANCO DE MURTA	202
NAVY GROG	203
NÉON	204
TERRA NOVA NIGHT-CAP	205
NILLA COLA	206
NINETINI	207
NUFF RUM	208
NYOTA (SWAHILI PARA ESTRELA)	209
O VELHO BERMUDIANO	210
COQUETEL "UM GRANDE"	211
TAÇA DE LARANJA	212
LARANJA COLADA	213
PIÑA COLADA ORIGINAL	214
ORO & SODA	215
ORO COSMO	216
ORO GIMLET	217
ORO NAS ROCHAS	218

PARROT BAY MANGO MADNESS

1 ½ onças. Rum de manga Captain Morgan Parrot Bay

2 onças. Suco de oxicoco

2 onças. suco de laranja

Agite com gelo e despeje em um copo.

PAIXÃO DE PAPAGAIO

2 onças. Rum Bacardi Limón

½ onça. Cointreau

3 onças. suco de laranja

3 onças. suco de maracujá

rodela de laranja para decorar

pedaço de abacaxi para decorar

    Misture com gelo e sirva em uma taça de Martini resfriada. Decore com uma rodela de laranja e um pedaço de abacaxi.

DAIQUIRI DE MARACUJÁ (COQUETEL PARA BRUNCH)

2 onças. 10 rum de cana

1 onça. suco de limão espremido na hora

1 onça. calda comum

1 onça. purê de maracujá

roda de lima para decorar

Combine todos os ingredientes em um copo de mistura. Adicione gelo e agite vigorosamente. Coe em um copo de coquetel gelado. Decore com rodela de limão.

PAIXÃO DE BELIZE

¾ onças. Um barril de rum

¾ onças. néctar de maracujá

2 onças. champanhe Moët néctar

1 colher de chá. maracujá fresco (1 maracujá cortado ao meio e colherado)

Mexa com gelo e coe em uma taça de champanhe resfriada.

PASSIONPOLITAN

1 onça. Rum de maracujá Parrot Bay

¼ oz. triplo segundo

2 onças. Suco de oxicoco

1 esguicho de suco de limão

rodela de lima para decorar

Despeje em um copo com gelo e mexa. Decore com rodela de limão.

O PÁTIO

1 onça. Bacardi O rum

½ onça. triplo segundo

2 onças. limonada

pitada de açúcar superfino

3 folhas de hortelã

água com gás para cima

Agite os quatro primeiros ingredientes com gelo e despeje em um copo alto. Adicione as folhas de hortelã e cubra com água com gás.

PAULISTANO

1 ½ onças. rum oronoco

3 rodelas de lima

2 folhas de hortelã

3 onças. suco de abacaxi prensado

ramo de hortelã para decorar

Em uma coqueteleira, macere as folhas de hortelã e as rodelas de limão. Adicione o rum Oronoco e o suco de abacaxi; agitar com gelo picado. Despeje em um copo e decore com raminho de hortelã.

PB BREEZE

1 ½ onças. Rum de coco Parrot Bay

2 onças. Suco de oxicoco

2 onças. suco de abacaxi

rodela de abacaxi para decorar

Despeje em um copo com gelo e mexa. Decore com a rodela de abacaxi.

DAIQUIRI DE BANANA PÊSSEGO

1 ½ onças. Rum leve porto-riquenho

½ banana média em cubos

1 onça. suco de limão fresco

¼ xícara de pêssegos fatiados (frescos, congelados ou enlatados)

Misture com 1 xícara de gelo picado.

DAIQUIRI DE PÊSSEGO

1 onça. Rum com especiarias Captain Morgan Original

¼ oz. licor de pêssego

4 onças. pêssegos em purê congelados

3 onças. mix azedo

fatia de pêssego para decorar

ramo de hortelã para decorar

Misture com gelo picado até a consistência desejada. Decore com fatia de pêssego e raminho de hortelã.

PÊSSEGO MELBA

2 onças. Rum com especiarias Captain Morgan Original

¾ onças. licor de framboesa

2 onças. mistura de coquetel de pêssego

2 metades de pêssego (em lata)

1 onça. creme de leite

calda de framboesa ou framboesas frescas para cobrir

Misture com 2 xícaras de gelo picado até ficar homogêneo e cremoso. Sirva em 16 onças. vidro especial. Cubra com calda de framboesa ou framboesas frescas.

PUNCH DE PÊSSEGO

1/3 onças. Rum com especiarias Captain Morgan Original

½ onça. licor de pêssego

2 onças. Mistura para pina colada

4 onças. suco de laranja

pêssego fresco para decorar

Misture com gelo picado até congelar. Decore com pêssego fresco.

FLOR DE PEREIRA

1 ½ onças. Rum Tommy Bahama White Sand

1 onça. licor de laranja premium

1 ½ onças. suco de pêra

1 onça. mix azedo

Agite pelo menos 20 vezes com gelo e coe em um copo de martini gelado. Decore com uma orquídea fresca.

PUNCO PELICANO

1 ½ onças. Rum de framboesa do almirante Nelson

½ onça. rum escuro

¼ oz. rum à prova de 151

1 ½ onças. suco de abacaxi

1 ½ onças. suco de laranja

1 onça. doce e azedo

rodela de laranja para decorar

rodela de limão para decorar

Construa em um copo de furacão sobre o gelo. Decore com rodela de laranja e rodela de limão.

PIÑA COLADA MARTINI

2 onças. Rum de ananás Cruzan, refrigerado

1 onça. rum de coco cruzan

rodela de abacaxi para decorar

Misture em uma taça de martini. Decore com rodela de abacaxi fresco.

RESPINGO DE ABACAXI

¾ onças. Rum de abacaxi Captain Morgan Parrot Bay

¾ onças. Rum de coco Captain Morgan Parrot Bay

4 onças. suco de laranja

Despeje em um copo com gelo e mexa.

TWIST DE ABACAXI

1 ½ onças. Rum Appleton Estate V/X Jamaica

6 onças. suco de abacaxi

½ colher de chá. suco de limão

Agite e despeje em um copo alto com gelo.

PINEAPPLETON

1 ½ onças. Appleton Estate Extra Jamaica rum

6 onças. suco de abacaxi

fatia de fruta para decorar

Despeje em um copo alto ou copo Collins com gelo. Decore com a fatia de fruta desejada.

LIMONADA ROSA

1 ¼ oz. Rum com especiarias Captain Morgan Original

3 onças. Suco de oxicoco

2 onças. refrigerante

suco de ¼ de limão

rodela de limão para decorar

Construa os dois primeiros ingredientes em um copo com gelo. Cubra com club soda e suco de limão. Decore com um toque de limão.

ORQUÍDEA ROSA

1 ¼ oz. Rum com especiarias Captain Morgan Original

2 onças. Suco de oxicoco

2 onças. suco de abacaxi

¼ oz. creme de coco

hortelã fresca para decorar

Misture com gelo picado. Decore com hortelã fresca.

PANTERA COR DE ROSA

1 ¼ oz. Bacardi light rum

¾ onças. suco de limão

¾ onças. creme

½ onça. granadina de rosa

PLANETA ROSA

3 onças. Rhum Barbancourt 3 estrelas

2 colheres de chá. lima ou sumo de limão

2 onças. Dubonnet branco

Misture com ½ xícara de gelo picado e despeje em uma taça de champanhe.

PINKY E O CAPITÃO

1 ¼ oz. Rum com especiarias Captain Morgan Original

5 onças. suco de toranja

seção de toranja rosa ou rodela de limão para decorar

Despeje em um copo alto com gelo. Decore com seção de toranja rosa ou rodela de limão.

PIÑO FRIO

2 onças. Rum com especiarias Captain Morgan Original

3 onças. (2 fatias) abacaxi

1 colher de chá. açúcar

cereja ao marrasquino ou rodela de abacaxi para decorar

Misture bem com 1 xícara de gelo picado e despeje em 14 onças. vidro. Decore com cereja ao marrasquino ou rodela de abacaxi.

SOCO DO PIRATA

1¾ onças. Rhum Barbancourt

¼ oz. vermute doce

dash Angostura bitters

Sacudir.

PERFURADOR DO PLANTADOR

2 onças. Rum com especiarias Captain Morgan Original

2 onças. suco de laranja

2 onças. suco de abacaxi

¼ oz. limonada

¼ oz. suco de limão

1 colher de chá. açúcar em barra

traço granadina

fatia de fruta para decorar

Agite com gelo e coe em um copo alto com gelo. Decore com fatia de fruta.

PLANTADOR

2 onças. branco ou escuro Rhum de Martinique

4 onças. suco de frutas exóticas

1/8 onças. xarope de cana

1/8 onças. canela

1/8 onças. noz-moscada ralada

1/8 onças. baunilha

rodela de laranja para decorar

cereja maraschino para decorar

Agite com gelo. Sirva com gelo ou direto em uma taça de martini. Decore com fatias de laranja e cereja ao marrasquino.

MAIS H

1 onça. Bacardi O rum

1 onça. Rum de melão Bacardi Grand

1 onça. Rum de Malibu

suco de abacaxi para rechear

salpicos de ginger ale

Despeje os três primeiros ingredientes em um copo e encha com suco de abacaxi. Cubra com ginger ale.

POINCIANA

1 onça. rum leve

2 cerejas ao marrasquino

1 onça. suco de maçã

½ onça. granadina

Agite com gelo. Sirva com gelo.

POMA-MAMA-BU

1½ partes de licor de romã Hiram Walker

1½ partes de banana Malibu Tropical

Agite com gelo e coe em um copo de martini gelado ou sirva com gelo.

PORTA REAL

1 ½ onças. Rum Appleton Estate V/X Jamaica

½ onça. vermute doce

suco de ¼ laranja

suco de ¼ de limão

rodela de laranja ou lima para decorar

Agite com gelo e coe em um copo grande de pedras sobre cubos de gelo. Decore com rodelas de laranja ou lima.

PRESIDENTE

1 ½ onças. Rum branco porto-riquenho

¼ oz. vermute seco

¾ onças. vermute doce

splash grenadine

Misture com 6-8 cubos de gelo.

PRINCESA MORGAN

¾ onças. Rum com especiarias Captain Morgan Original

¼ oz. creme de banana

2 ½ onças. suco de laranja

2 onças. refrigerante

Despeje os três primeiros ingredientes em um copo com gelo. Mexer. Adicione o refrigerante e mexa delicadamente.

PROFESSORA E MARY ANNE

¾ parte de rum de manga Malibu

¼ parte de rum de banana Malibu

½ parte de suco de abacaxi

CAPPUCCINO DE RUM PORTO-RIQUENHO

1 ½ onças. Rum escuro porto-riquenho

1 colher de chá. Açúcar Partes iguais:

   café forte quente

   leite fervido

chantilly para cima

canela a gosto

Despeje os dois primeiros ingredientes em uma caneca e adicione o café e o leite. Cubra com chantilly e canela.

TEMPERO DE ABÓBORA

1 ½ onças. rum de manga cruzan

1 ½ onças. recheio de torta de abóbora

1 onça. creme

¼ oz. Xarope de gengibre Monin

Agite e coe por uma peneira em uma mini abóbora oca.

ILHAS DE PUNCH

2 colheres de chá. cana de açúcar

2 onças. branco Rhum Barbancourt

2 onças. suco de abacaxi

suco de ½ laranja

suco de ½ limão

refrigerante para cima

rodela de limão para decorar

Misture o suco de abacaxi e a cana-de-açúcar, depois acrescente os sucos de laranja e limão. Despeje em um copo e adicione Rhum Barbancourt branco. Cubra com refrigerante e misture com uma colher. Para finalizar, adicione cubos de gelo e decore com uma rodela de limão.

ORVALHO ROXO

1 ½ onças. Appleton Estate Extra Jamaica rum

3 onças. Suco de oxicoco

1 onça. xarope claro

1 onça. Blue Curacao

1 onça. limonada

Despeje em um Collins ou copo de soco com gelo.

PAQUERA ROXA

1 onça. Rum Gosling's Black Seal

¼ oz. Blue Curacao

½ onça. doce e azedo

¼ oz. granadina

1 onça. suco de abacaxi

rodela de laranja ou cereja para decorar

Agite e coe em um copo rocks resfriado. Decore com rodela de laranja e cereja.

PUNÇÃO PYRAT

2 onças. Rum Reserva Pyrat XO

suco de ½ limão

traço amargo

2 onças. Água com gás

salpique suco de abacaxi (opcional)

salpique suco de toranja (opcional)

¼ colher de chá. noz-moscada ralada

cerejas frescas para decorar

Agite os três primeiros ingredientes suavemente sobre o gelo. Despeje em um copo de margarita. Adicione abacaxi e suco de toranja, se desejar. Cubra com água com gás. Decore com noz-moscada e cerejas frescas.

PYRAT XO REFRESHER

2 onças. Rum Reserva Pyrat XO

tônico para preencher

rodela de lima para decorar

Despeje sobre o gelo em um copo de balde. Decore com uma rodela de limão espremido.

PECADO DE PYRAT

½ onça. Pyrat Cask 23 rum

½ onça. Grand Marnier Cent Cinquantenaire

1 cubo de açúcar embebido em dois traços de Angostura bitters

champanhe estilo brut gelado para preencher

casca de limão para decorar

fatia de morango para decorar

Coloque o cubo de açúcar em uma taça de champanhe resfriada. Adicione rum Pyrat Cask 23 e Grand Mariner Cent Cinquantenaire. Encha com champanhe. Decore com casca de limão e fatia de morango.

QUARTE DEK

1 onça. Rum leve porto-riquenho

½ onça. Rum escuro porto-riquenho

½ onça. Creme de cereja

½ onça. limonada

Sacudir.

QUEENS PARK SWIZZLE

1 ¼ oz. Rum com especiarias Captain Morgan Original

suco de ½ limão grande

½ onça. mistura agridoce

½ onça. calda comum

3 folhas de hortelã

Esprema o limão e coloque a casca em 14 onças. vidro. Adicione 1 folha de hortelã. Adicione o gelo raspado e os ingredientes restantes, exceto a hortelã. Mexa até o vidro ficar gelado. Decore com as folhas de hortelã restantes.

R&B

1 ¼ oz. Rum com especiarias Captain Morgan Original

2 onças. suco de laranja

2 onças. suco de abacaxi

splash grenadine

Despeje em um copo com gelo.

LIMITE DO PILOTO

1 onça. Bacardi light rum

¼ oz. Hiram Walker green creme de menta

suco de toranja para rechear

Despeje o rum light Bacardi em um copo alto meio cheio de gelo. Recheie com suco de toranja e creme de menta.

FRAMBOESA COLADA

1 ½ onças. rum

1 ½ onças. chambord

3 onças. suco de abacaxi

1 onça. Coco Lopez verdadeiro creme de coco

Mistura. Sirva em um copo alto.

FROST DE FRAMBOESA

2 onças. rum leve

1 onça. chambord

2 onças. Coco Lopez verdadeiro creme de coco

suco de limão

cereja maraschino para decorar

Misture os quatro primeiros ingredientes. Decore com cereja ao marasquino.

LIMONADA DE FRAMBOESA

2 onças. rum de framboesa cruzan

2 onças. limonada

rodela de limão para decorar

Sirva com gelo. Decore com rodela de limão.

HAVAIANO VERMELHO

2 onças. RedRum

½ onça. triplo segundo

3 onças. suco de abacaxi

1 onça. xarope de coco ou leite

¼ oz. granadina

rodela de abacaxi para decorar

Despeje em um copo alto. Decore com a rodela de abacaxi.

MÃE VERMELHA

1 ¼ oz. Rum Bacardi Silver

4 onças. Suco de oxicoco

2 onças. club soda gelado

RHUMBA VERMELHO

2 onças. RedRum

¼ oz. triplo segundo

3 onças. suco de abacaxi

1 onça. suco de laranja

¼ oz. granadina

½ banana fresca

cereja para enfeitar

Misture com gelo. Sirva em um copo alto e decore com cereja.

REDRUM NA PRAIA

2 onças. RedRum

1 onça. 7 UP

1 ½ onças. suco de laranja

½ onça. Grand Marnier

Misture com gelo. Sirva com gelo.

REDRUM TSUNAMI

2 onças. RedRum

5 onças. suco de abacaxi

½ onça. licor de melão

fruta fresca para decorar

Despeje os dois primeiros ingredientes em um copo alto e misture com gelo. Float o licor de melão. Decore com frutas frescas e um guarda-chuva.

RED VELVET VICE

2 onças. 267 Infusão de rum de manga

½ onça. 267 vodca de amora

espirrar vodca laranja

rodela de laranja para decorar

Sirva com gelo e enfeite com uma rodela de laranja.

REGGAE PUNCH

2 onças. Rum Wray & Nephew

1 onça. suco de laranja

2 onças. suco de abacaxi

½ lima

2 colheres de sopa cheias. açúcar mascavo

¼ oz. grenadine ou xarope de morango

Misture os cinco primeiros ingredientes com gelo e despeje em um copo alto. Cubra com grenadine ou calda de morango.

RESERVA MAI TAI

1 onça. Rum Whaler's Rare Reserve

1 onça. Whaler's Great White rum

1 onça. Xarope orgeat

1 onça. suco de maracujá

3 onças. suco de laranja

½ onça. limonada

cerejas ao marrasquino para decorar

rodela de laranja para decorar

Agite bem com gelo e despeje em um copo hurricane gelado. Decore com cerejas ao marrasquino, fatia de laranja e um guarda-chuva.

RICCO

1 onça. Bacardi Rum

½ onça. Grand Marnier

½ onça. suco de toranja

½ onça. suco de laranja

2 onças. suco de abacaxi

rodela de abacaxi para decorar

cereja para enfeitar

Agite e sirva em um copo Collins. Decore com rodela de abacaxi e cereja.

RIKI TIKI

2 onças. Rum Whaler's Pineapple Paradise

1 onça. triplo segundo

3 onças. mix azedo

Splash club soda

Agite os três primeiros ingredientes com gelo e cubra com club soda.

CULTURA ROOTS 'N'

2 onças. Rum Wray & Nephew

4 framboesas

3 morangos

5 mirtilos

½ lima

2 colheres de sopa cheias. açúcar mascavo

Macere as frutas e o açúcar. Construa em um copo alto sobre gelo picado.

DAIQUIRI REAL

1 ½ onças. Rum Appleton Estate V/X Jamaica

½ banana

suco de ¼ de limão

1 colher de chá. açúcar

1 colher de gelo picado

rodela de banana para decorar

Misture os cinco primeiros ingredientes e sirva em um copo de coquetel. Decore com rodela de banana.

CHÁ REAL

¼ oz. Rum com especiarias Captain Morgan Original

1 onça. uísque coroa real

¼ oz. licor de pêssego

respingo de mistura azeda

4 onças. Cola

rodela de limão para decorar

Agite os quatro primeiros ingredientes com gelo e despeje em um copo. Cubra com cola. Decore com rodela de limão.

RUBI REY MANHATTAN

1 onça. Rum Ruby Rey

½ onça. Martini & Rossi vermute tinto

cereja maraschino para decorar

Agite com gelo picado e coe em um copo de coquetel. Decore com cereja ao marasquino.

TODDY QUENTE DE RUM

2/3 xícara de rum temperado Whaler

¼ xícara) de açúcar

2 colheres de sopa. mel

3 xícaras de água fervente

4 paus de canela para decorar

4 rodelas de limão para decorar

Espalhe o açúcar em um prato pequeno. Mergulhe as bordas de 4 canecas em água fria. Mergulhe as bordas das canecas umedecidas no açúcar. Misture o rum e o mel em um copo medidor de 4 xícaras. Adicione 3 xícaras de água fervente; mexa para misturar. Divida o Hot Toddy entre as canecas preparadas. Decore cada caneca com um pau de canela e uma rodela de limão.

PONCHE DE LEITE DE RUM

1¾ onças. Rhum Barbancourt

¾ onças. melado de cana

4 onças. leite

noz-moscada ralada para polvilhar

Misture os três primeiros ingredientes e despeje em um copo. Polvilhe com noz-moscada ralada.

RUM-RITA

1 onça. Whaler's Great White rum

1 onça. triplo segundo

1 onça. limonada

sal até a borda do copo

rodela de lima para decorar

Misture os três primeiros ingredientes com gelo e despeje sobre o gelo em um copo margarita com borda de sal. Decore com rodela de limão.

RUM RUNNER

¾ onças. Rum com especiarias Captain Morgan Original

¼ oz. licor de amora

¼ oz. licor de banana

2 onças. suco de laranja

½ onça. granadina

Misture com 1 xícara de gelo picado até ficar lamacento e despeje em um copo.

RUM RUSSO

2 onças. Rum de café dourado Brinley

1 onça. vodka

3 onças. leite

Sirva em um copo alto.

RUM SNATCH

2 onças. Rum de Alnwick

3 onças. suco de laranja

¼ oz. DeKuyper grenadine

¼ oz. limonada

Despeje o grenadine em um copo, misture o rum Alnwick, o suco de laranja e o suco de limão e despeje cuidadosamente sobre o grenadine. Não mexa antes de servir.

RUMMY SOUR

1 ¼ oz. Rum com especiarias Captain Morgan Original

1¾ onças. mistura de limão

Misture com uma colher de gelo picado.

SELO RUSSO

1 onça. Rum Gosling's Black Seal

1 onça. Kahlua

leite fresco para cima

Agite os dois primeiros ingredientes com gelo e sirva com gelo. Cubra com leite fresco.

SANDBAR SMASH

1 onça. rum cítrico cruzan

1 onça. rum de abacaxi cruzan

licor de framboesa splash

2 onças. suco de laranja

Despeje os três primeiros ingredientes em um copo com gelo e cubra com suco de laranja.

COQUETEL SAN JUAN

1 ½ onças. Bacardi light rum

1 onça. suco de toranja

½ onça. suco de limão ou lima

¼–½ onças. Coco Lopez verdadeiro creme de coco

¼ oz. Bacardi 151 rum

Misture os quatro primeiros ingredientes. Float Bacardi 151 rum.

SIDECAR DE SAN JUAN

1 ½ onças. Bacardi light rum

1 onça. suco de limão ou lima

½ onça. creme de menta branco

açúcar até a borda do copo

roda de lima para decorar

Sirva em um copo com borda de açúcar e decore com uma rodela de limão.

SAN JUAN SLING

1 ½ onças. rum porto-riquenho

¾ onças. aguardente de cereja

3 onças. mistura de limão adoçado

½ onça. granadina

Misture os três primeiros ingredientes. Granada flutuante.

MOLHO SECRETO DO PAPAI NOEL

1 onça. Rum com especiarias VooDoo

1 onça. vodka

1 onça. Cointreau

5 onças. gemada

noz-moscada ralada para cima

Aqueça a gemada e misture com rum com especiarias VooDoo, vodca e Cointreau em uma caneca. Cubra com noz-moscada.

ESCORPIÃO

1 onça. rum leve

½ onça. conhaque

½ onça. Gin

1 onça. mistura agridoce

2 onças. suco de laranja

dash white crème de menta

traço amargo

1 onça. vinho branco

Misture os sete primeiros ingredientes. Flutuar vinho branco. Decore com uma orquídea.

SODA Scream

1 ¼ oz. Rum com especiarias Captain Morgan Original

5 onças. refrigerante de limão

rodela de limão para decorar

rodela de lima para decorar

Sirva com gelo. Decore com rodelas de limão e lima.

LUGAR SECRETO

1 ½ onças. Rum escuro porto-riquenho

½ onça. aguardente de cereja

2 colheres de chá. creme de cacau escuro

4 onças. café frio

Mexa com gelo picado.

SEXO NO BARBADOS (RECEITA DE FESTA)

8 onças. Rum de framboesa do almirante Nelson

8 onças. aguardente de pêssego

8 onças. licor de melão flecha

8 onças. licor de framboesa Arrow

1½ qt. suco de abacaxi

1½ qt. Suco de oxicoco

Misture os quatro primeiros ingredientes em uma jarra grande ou tigela de ponche. Adicione gelo e encha com abacaxi e suco de cranberry. Faz 1 galão de ponche.

SEXO NO BARCO

1 onça. Rum com especiarias Captain Morgan Original

¼ oz. creme de banana

4 ½ onças. suco de laranja

Misture com uma colher de gelo picado.

SHILLELAGH

1 onça. Rum com especiarias Captain Morgan Original

½ onça. creme de menta verde

2 onças. mistura agridoce

cereja verde para decorar

Despeje em um copo pilsner com gelo. Decore com cereja verde.

NAUFRÁGIO

1 ½ onças. Rum com especiarias premium do almirante Nelson

2 onças. suco de laranja

2 onças. suco de abacaxi

respingo de suco de cranberry

rodela de laranja para decorar

Misture e sirva com gelo. Decore com a rodela de laranja.

MÉDICO DO NAVIO

2 onças. Rum de baunilha premium do almirante Nelson

1 onça. seta amaretto

8 onças. pimenta

Misture em um copo alto com gelo.

Imediato

1 onça. rum jamaicano escuro

½ onça. creme de cacau branco

½ onça. creme de menta branco

½ onça. vermute doce

Agite com gelo. Sirva em uma taça de Martini resfriada.

ESTRELA CATANTE

2 onças. Rum Africano Starr

¾ onças. calda comum

3 uvas pretas sem sementes

½ limão

8 folhas de hortelã

Macere limão, hortelã e uvas em uma calda simples. Adicione o rum africano Starr e o gelo picado. Agite e despeje em um copo baixo.

SHOWTUNE

1 onça. Rum com especiarias Captain Morgan Original

¼ oz. amaretto

3 onças. suco de toranja

1 colher de chá. granadina

2 onças. refrigerante

Mexa os primeiros quatro ingredientes em um copo com gelo. Adicione o refrigerante e mexa delicadamente.

SIENA

¾ onças. Rum com especiarias Captain Morgan Original

½ onça. amaretto

2 onças. suco de laranja

1 onça. refrigerante de gengibre

Despeje em um copo de vinho alto sobre cubos de gelo.

SKIPPER TAMBÉM

1 parte de rum de manga Malibu

½ parte de schnapps de pêssego

½ parte de limão fresco

½ parte de limão Rose

½ parte de mistura azeda

2 molas de hortelã para decorar

Agite com gelo e sirva puro ou com gelo. Decore com raminhos de hortelã.

SLAPSTICK

¾ onças. Rum com especiarias Captain Morgan Original

½ onça. licor de morango

1 onça. creme de coco

1 onça. xarope de morango ou grenadine

2 onças. suco de abacaxi

Misture com 2 xícaras de gelo picado até ficar lamacento.

BANANA SLIPPERY

½ parte de rum de coco Malibu

½ parte de rum de banana Malibu Tropical

½ parte de suco de abacaxi splash

sumo de cereja ao marasquino (para dar cor)

SNOWBERRY

1¾oz. Rum com especiarias Captain Morgan Original

½ onça. aguardente de morango

4 onças. água

½ onça. calda comum

½ onça. suco de limão

1 colher de chá. granadina

pau de canela para decorar

Aqueça e sirva em uma caneca aquecida. Decore com pau de canela.

COQUETEL DA CIDADE ESPANHOLA

2 onças. Rhum Barbancourt

1 colher de chá. triplo segundo

Mexa e coe em um copo com gelo picado.

SPICEBERRY

1 ¼ oz. Rum com especiarias Captain Morgan Original

3 onças. morangos

1 onça. creme de coco

Misture com uma colher de gelo picado.

MARTINI DE MAÇÃ COM ESPECIARIAS

2 ½ onças. 10 rum de cana

2 onças. suco de maçã

splash amaretto

2 pitadas de canela em pó (e mais na borda do copo)

açúcar superfino para a borda do copo

pau de canela para decorar

Agite vigorosamente com gelo e coe em um copo de coquetel gelado com a borda de açúcar superfino e canela em pó. Decore com pau de canela.

DAIQUIRI DE BANANA COM TEMPERATURA

1 onça. Rum com especiarias Captain Morgan Original

¼ oz. creme de banana

2 onças. mistura agridoce

3 onças. banana (½ banana)

rodela de banana para decorar

cereja maraschino para decorar

Misture bem com 1 xícara de gelo raspado. Despeje em 14 onças. vidro. Decore com rodela de banana e cereja ao marasquino.

JAVA COM ESPECIARIAS SUAVE

1 onça. Rum com especiarias Captain Morgan Original

½ onça. Licor de Chocolate Godiva

½ onça. licor de cappuccino godiva

1 bola de sorvete

cereja para enfeitar

Bata até a consistência desejada. Despeje em um copo e decore com cereja.

ITALIANO PICANTE

1 onça. Rum com especiarias VooDoo

½ onça. licor de tuaca

5 onças. café quente

chantilly para cima

Despeje os dois primeiros ingredientes em uma caneca. Recheie com o café e cubra com chantilly.

SPUNKY GATOR

½ vodca Stoli

½ onça. Gin

½ onça. rum

½ onça. Cuervo tequila

½ onça. triplo segundo

½ onça. licor de melão

½ onça. Blue Curacao

suco de laranja

rodelas de limão e laranja para decorar

Agite os primeiros sete ingredientes e despeje sobre o gelo. Cubra com suco de laranja. Decore com rodelas de limão e laranja.

STARR AFRICAN MEL RAINHA

1 ½ onças. Rum Africano Starr

½ onça. chantilly

½ onça. xarope de mel

¼ oz. amaretto

Agite bem com gelo e despeje em um copo baixo.

STARR COBBLER

2 onças. Rum Africano Starr

1 onça. curaçao

1 rodela de laranja (mais outra para decorar)

1 cereja (mais outra para decorar

¼ limão

½ lima

rodela de limão para decorar

rodela de lima para decorar

Bagaço de fruta. Adicione o rum africano Starr e curaçao. Agite e coe em um copo baixo com gelo picado. Decore com uma rodela de laranja, uma cereja, uma rodela de limão e uma rodela de lima.

STARR HONEYSUCKLE

2 onças. Rum Africano Starr

¾ onças. limonada

¾ onças. xarope de mel

Agite violentamente e coe em um copo de coquetel gelado.

ESTRELA

1 ½ onças. Rum Africano Starr

1 onça. purê de maracujá

½ onça. purê de morango

1 onça. calda comum

¾ onças. granadina

1 onça. champanhe

½ morango para decorar

Agite os cinco primeiros ingredientes em uma taça Boston e coe para uma taça de champanhe. Cubra com champanhe. Decore com ½ morango.

STING WRAY

1 ½ onças. Rum Appleton Estate V/X Jamaica

5 onças. Ting ou outro refrigerante de toranja

Despeje em um copo Collins com gelo.

MALIBU PINEAPPLETINI

2 partes de rum de abacaxi Malibu

½ parte do triplo segundo

suco de limão

respingo suco de laranja

rodela de laranja para decorar

    Agite com gelo e coe em um copo de martini. Decore com uma rodela de laranja.

RUM-BALL DE MALIBU

2 partes de rum de coco Malibu

2 partes de licor de melão ou purê de melão

MALIBU SOL

3 partes de rum de coco Malibu

½ parte de amaretto

½ parte de abacaxi

½ parte de suco de limão fresco

Sirva com gelo em um copo rocks.

MALIBU CHUVA DE VERÃO

1 parte de rum de coco Malibu

1 parte de vodca Stoli

1 parte de suco de limão fresco

2 partes de club soda

rodela de lima para decorar

    Sirva com gelo em um copo alto e decore com uma rodela de limão.

BRONZEADO DE MALIBU

1 ½ onças. Rum de Malibu

5 onças. chá gelado

espremer limão

    Sirva com gelo.

DOCE PECADO DE MALIBU

1 parte de rum de manga Malibu

respingo de suco de limão

respingo de suco de cranberry

splash Bacardi 151 rum

MALIBU TEQUILA BANANA

1 parte de rum de banana Malibu Tropical

1 parte Tezón Reposado tequila

respingo de suco de limão

MALIBU TROPICAL BANANA SEX-A-PEEL

1 parte de rum de banana Malibu Tropical

½ parte Frangelico

½ parte de creme irlandês

cereja para enfeitar

Agite e sirva com gelo. Decore com cereja.

BRISA TROPICAL DE MALIBU

1 parte de rum de coco Malibu

1 parte de suco de cranberry

2 partes de suco de abacaxi

rodela de abacaxi para decorar

Sirva em um copo alto e decore com uma rodela de abacaxi.

EXPLOSÃO TROPICAL DE MALIBU

2 partes de rum de coco Malibu

2 partes de suco de abacaxi

1 parte de suco de romã

Sirva com gelo em um copo alto.

MALIBU OASIS TROPICAL

2 partes de rum de coco Malibu

1 parte de amaretto

2 partes de iogurte de baunilha congelado

1 parte de suco de laranja

1 parte de suco de abacaxi

traço de mel

Misture e sirva como um shake congelado.

SANGRIA TROPICAL DE MALIBU

2 partes de rum de banana Malibu Tropical

2 partes de vinho tinto

1 parte 7UP

1 parte de suco de laranja

fruta fresca para decorar

cereja para enfeitar

Decore com frutas frescas e cereja.

MALIBU TROPICAL SOUR

1¼ partes de rum de banana Malibu Tropical

¾ parte de maçã azeda Hiram Walker

¾ parte de mistura azeda fresca

saca-rolhas de laranja para decorar

Agite e coe em um copo de martini. Decore com saca-rolhas de laranja.

NASCER DO SOL TROPICAL DE MALIBU

1½ partes de rum de banana Malibu Tropical

1 parte de suco de laranja

1 parte de refrigerante de limão

cereja para enfeitar

Decore com cereja.

MALIBU VANILLA BANANA-TINI

1½ partes de rum de banana Malibu Tropical

2½ partes de vodca Stoli Vanil

splash amaretto

torção de laranja para decorar

Decore com twist de laranja.

MALIBU VANILLA DREAM

1 parte de rum de coco Malibu

½ parte de vodca Stoli Vanil

½ parte de suco de abacaxi

MAMA WANA

1 onça. rum de laranja cruzan

1 onça. rum de banana cruzan

Despeje em um copo com gelo grosso.

MAMBO REI

1 onça. Rum Tommy Bahama White Sand

1 onça. rum de coco

½ onça. Rum Tommy Bahama Golden Sun

½ onça. licor de banana

3 onças. suco de abacaxi

lança de abacaxi para decorar

Bata em uma taça pilsner com gelo. Decore com lança de abacaxi.

comedor de homens

1 onça. Whaler's Great White rum

4 onças. Cola

½ onça. granadina

cereja para enfeitar

Despeje em um copo de coquetel com gelo. Decore com cereja.

BAJITO DE MANGA

1 onça. Rum temperado Capitão Morgan

½ onça. triplo segundo

3 onças. suco de manga

espirrar champanhe

Misture bem com gelo picado. Sirva em taça de coquetel ou frappé.

DAIQUIRI DE MANGA (OU GOIABA)

1 ½ onças. Um barril de rum

½ onça. suco de limão espremido na hora

¼ oz. calda comum

¾ onças. néctar de manga (ou néctar de goiaba)

1 colher de chá. açúcar

rodela de lima para decorar

Agite com gelo e coe em um copo de martini gelado. Decore com rodela de limão.

MANGA FROZEN DREAM

1 ¼ oz. Rum de manga Captain Morgan Parrot Bay

½ onça. amaretto

½ onça. triplo segundo

2 onças. suco de laranja

1 bola de sorvete de baunilha

rodela de laranja para decorar

Misture até ficar homogêneo com 1 xícara de gelo e despeje em um copo. Decore com rodela de laranja.

MANGO MADRAS

1 ½ onças. Rum de manga Parrot Bay

2 onças. Suco de oxicoco

2 onças. suco de laranja

rodela de laranja para decorar

Despeje em um copo com gelo e mexa. Decore com rodela de laranja.

MANGA MAI TAI

1 ¼ oz. Rum de manga Captain Morgan Parrot Bay

1 ½ onças. mistura de margarita

1 ½ onças. suco de abacaxi

¼ oz. Xarope orgeat

¼ oz. granadina

rodela de abacaxi para decorar

cereja com talo para decorar

Agite com gelo e despeje em um copo. Decore com a rodela de abacaxi e a cereja do caule.

MANGO MAMBO

1 ½ onças. aguardente de manga Hiram Walker

1 ½ onças. Malibu Tropical rum de banana

Agite com gelo. Sirva direto em uma taça de martini resfriada.

ESPUMANTE DE MANGA

¾ onças. Um barril de rum

¾ onças. néctar de manga

2 onças. champanhe Moët néctar

Mexa com gelo e coe em uma taça de champanhe resfriada.

MARTI MOJO

1 parte de rum Marti Autêntico

1 parte de suco de abacaxi

1 parte de suco de cranberry

ramo de hortelã para decorar

abacaxi para decorar

Agite bem e sirva em uma taça de Martini. Decore com raminho de hortelã fresca e abacaxi.

MARY PICKFORD

1 ½ onças. Rum branco porto-riquenho

1 ½ onças. suco de abacaxi

splash grenadine

Agite com 1 colher de gelo picado.

ESPECIAL EM MIAMI

1 onça. Bacardi light rum

¼ oz. Hiram Walker creme de menta branco

¾ onças. suco de limão ou suco de limão Rose

Agite e despeje em um copo de martini gelado.

MILIONÁRIO

¾ onças. Rum com especiarias Captain Morgan Original

½ onça. licor de banana

2 onças. suco de laranja

1 onça. mix azedo

½ onça. xarope de barra

½ onça. granadina

Misture os primeiros cinco ingredientes com 1 xícara de gelo picado até ficar lamacento. Adicione a grenadine e mexa ligeiramente.

O MILIONÁRIO E SUA ESPOSA

1 onça. rum de manga malibu

1 onça. Licor Alize Red Passion

champanhe

rodela de limão para decorar

Agite os dois primeiros ingredientes com gelo e coe em uma taça de martini. Cubra com champanhe e decore com um toque de limão.

MISSÃO LOUCA

2 onças. Whaler's Vanille rum

¾ onças. amaretto

2 onças. suco de maracujá

2 onças. suco de laranja

rodela de lima para decorar

cereja para enfeitar

Encha o copo de furacão com gelo. Adicione os ingredientes na coqueteleira e misture bem. Despeje sobre o gelo e decore com fatia de limão e cereja.

MO BAY MARTINI

2 onças. Rum Appleton Estate V/X Jamaica

¼ oz. vermute extra seco

azeitona para enfeitar

Agite com gelo e coe em um copo de martini. Decore com azeitona.

MOJITO (MANGA DE ASSINATURA 267)

2 ½ onças. 267 Infusão de rum de manga

4 ramos de hortelã fresca (e mais para decorar)

respingo de água com gás

rodela de lima para decorar

Macere quatro ramos de hortelã fresca no fundo de um copo. Adicione o rum de manga Infusion com um pouco de água com gás. Decore com uma rodela de limão e mais raminhos de hortelã.

MOJITO (MAÇÃ PERA)

1 parte de Bacardi Limão

1 parte Bacardi Big Apple

2 folhas de hortelã

2 partes de suco de abacaxi

2 partes de club soda

2 rodelas de lima

1 Colher de Sopa. açúcar

Misture o açúcar, as folhas de hortelã e o limão em um copo e esmague bem. Adicione Bacardi Limón, Bacardi Big Apple e suco de abacaxi e complete com club soda.

MOJITO (ABELHA)

1 parte Bacardi Rum

3 partes de club soda

12 folhas de hortelã

suco de ½ limão

1 Colher de Sopa. mel

ramos de hortelã ou rodela de limão para decorar

Coloque as folhas de hortelã e o gelo picado em um copo. Amasse bem com um pilão. Adicione suco de limão, mel e Bacardi; mexa bem. Complete com club soda, mexa e decore com raminhos de hortelã ou rodela de limão.

MOJITO (BERMUDA OURO)

2 onças. Rum das Bermudas Gosling's Gold

6–8 folhas de hortelã

¼ oz. suco de limão fresco

1 colher de chá. Açúcar refinado

½ onça. refrigerante

¼ oz. Rum Gosling's Black Seal

Em um copo grande à moda antiga, macere o suco de limão, o açúcar e as folhas de hortelã (reserve algumas para enfeitar), esmagando bem a hortelã. Adicione o rum Gosling's Gold Bermuda e o gelo. Cubra com um toque de club soda e um float de rum Gosling's Black Seal. Decore com as folhas de hortelã restantes.

MOJITO (MAÇÃ GRANDE)

1 parte de rum Bacardi Big Apple

3 partes de club soda

12 folhas de hortelã

½ lima

½ parte de açúcar

ramos de hortelã, rodela de limão ou fatias de maçã verde para decorar

Coloque as folhas de hortelã, o açúcar e o limão em um copo. Esmague bem com um pilão. Adicione o rum Bacardi Big Apple, complete com club soda, mexa bem e decore com raminhos de hortelã e uma rodela de limão ou fatia de maçã verde.

MOJITO (CAL BRINLEY)

2 partes de rum de limão Brinley Gold

3 partes de club soda

½ lima

6 folhas de hortelã

1 colher de chá. açúcar

Esprema e macere ½ limão. Misture com gelo picado.

MOJITO (COCO RUM)

1 parte de rum Bacardi Coco

3 partes de refrigerante de limão

12 folhas de hortelã

½ lima

ramos de hortelã para decorar

Coloque as folhas de hortelã e o limão no copo e esmague bem. Adicione o rum e o refrigerante e decore com raminhos de hortelã.

MOJITO (PEPINO)

1 ½ onças. 10 rum de cana

1 onça. suco de limão espremido na hora

1 onça. calda comum

8–10 folhas de hortelã

4 unidades de pepino descascado

club soda para cima

Fatia/palito de pepino para decorar

Coloque o xarope simples, as folhas de hortelã e o pepino no fundo de um copo alto. Pressione suavemente com um muddler. Preencha com gelo picado. Adicione 10 cana e suco de limão. Mexa delicadamente e complete com refrigerante. Decore com uma fatia ou palito de pepino.

MOJITO (GENGIBRE)

1 parte de rum Bacardi

3 partes de cerveja de gengibre

12 folhas de hortelã

½ lima

½ parte de açúcar simples

Igual ao Original Bacardi Mojito, mas usando cerveja de gengibre em vez de club soda.

MOJITO (GRAND MELON)

1 parte de rum Bacardi Grand Melon

3 partes de club soda

12 folhas de hortelã

½ lima

½ parte de açúcar

ramos de hortelã para decorar

roda de limão ou fatia de melancia para decorar

Coloque as folhas de hortelã, o açúcar e o limão em um copo. Esmague bem com um pilão. Adicione o rum Bacardi Grand Melon, complete com club soda, mexa bem e decore com raminhos de hortelã e uma rodela de limão ou fatia de melancia.

MOJITO (LIMÓN RUM)

1 parte de rum Bacardi Limón

3 partes de club soda

12 folhas de hortelã

½ lima

½ parte de açúcar

ramos de hortelã para decorar

rodela de lima ou limão para decorar

Coloque as folhas de hortelã, o açúcar e o limão em um copo. Esmague bem com um pilão. Adicione o rum Bacardi Limón, complete com club soda, mexa bem e decore com raminhos de hortelã e uma rodela de lima ou limão.

MOJITO (BACARDI DE BAIXA CALOR)

1 parte de rum Bacardi

3 partes de club soda

12 folhas de hortelã

½ lima

3 pacotes Splenda

ramos de hortelã para decorar

rodela de lima para decorar

Coloque folhas de hortelã, Splenda e limão no copo. Macere com o pilão. Adicione o Bacardi e depois o club soda. Mexa bem e decore com raminhos de hortelã e uma rodela de lima.

MOJITO (MALIBU MANGO)

2½ partes de rum de manga Malibu

½ parte de suco de limão fresco

½ parte de xarope simples

3–4 ramos de hortelã (mais extra para decorar)

3 rodelas de limão (mais 1 para decorar)

2–3 salpicos de club soda

Despeje o suco de limão e o xarope simples em um copo. Adicione raminhos de hortelã e fatias de limão e amasse bem o conteúdo. Adicione gelo, rum de manga Malibu e salpicos de club soda. Decore com uma rodela de limão e raminhos de hortelã.

MOJITO (MARACUJÁ DE MALIBU)

2 partes de rum de maracujá Malibu

3 colheres de sopa. suco de limão fresco

2 colheres de sopa. açúcar

refrigerante

menta fresca

MOJITO (MILIONÁRIO)

1 ½ onças. 10 rum de cana

½ onça. calda comum

1 onça. suco de limão espremido na hora

8–10 folhas de hortelã

espirrar champanhe Moët & Chandon

ramo de hortelã para decorar

Coloque o xarope simples e as folhas de hortelã no fundo de um copo alto. Pressione suavemente com um muddler. Preencha com gelo picado. Adicione 10 cana e suco de limão. Mexa delicadamente e finalize com champanhe Moët & Chandon. Decore com um raminho de hortelã.

MOJITO (MALIBU NOCHE BLANCA)

3 partes de rum de coco Malibu

1 parte de suco de limão fresco

1 parte de xarope simples

1 parte de club soda

8 folhas de hortelã

roda de lima para decorar

Sirva em um copo Collins. Decore com uma rodela de lima.

MOJITO (O)

1 parte Bacardi O rum

3 partes de club soda

12 folhas de hortelã

½ lima

½ parte de açúcar

ramos de hortelã para decorar

rodela de lima ou laranja para decorar

Coloque as folhas de hortelã, o açúcar e o limão em um copo. Amasse bem com um pilão. Adicione Bacardi O rum, complete com club soda, mexa bem e decore com raminhos de hortelã e uma rodela de limão ou laranja.

MOJITO (ORIGINAL BACARDI)

1 parte de rum Bacardi

3 partes de club soda

12 folhas de hortelã

½ lima

½ parte de açúcar

ramos de hortelã ou rodela de limão para decorar

Coloque as folhas de hortelã, o açúcar e o limão em um copo. Amasse bem com um pilão. Adicione o Bacardi, complete com club soda, mexa bem e decore com raminhos de hortelã ou rodela de limão.

MOJITO (RUM VERMELHO DE PÊSSEGO)

1 parte de rum Bacardi Peach Red

3 partes de club soda

12 folhas de hortelã

½ pêssego

½ parte de açúcar

ramos de hortelã para decorar

fatia de pêssego para decorar

Coloque as folhas de hortelã, o açúcar e o pêssego em um copo. Esmague bem com um pilão. Adicione o rum Bacardi Peach Red, complete com club soda, mexa bem e decore com raminhos de hortelã e uma fatia de pêssego.

MOJITO (SONNY'S)

½ lima, cortada às rodelas

2 colheres de sopa. açúcar

½ onça. Schnapps de hortelã-pimenta Chateaux

1 onça. Rum Bacardi Superior

gelo

club soda para cima

roda de lima para decorar

Macerar limão e açúcar no fundo de 8 onças. vidro. Adicione schnapps, gelo e Bacardi. Cubra com club soda e decore com rodela de limão.

MOJITO (PICANTE)

1 ½ onças. Flor de Cana rum extra-seco 4 anos

2 cubos de 1 polegada de melancia

1 fatia jalapeño

10 folhas de hortelã fresca

¾ onças. suco de limão fresco

½ onça. calda comum

1 ½ onças. refrigerante

triângulo de melancia para decorar

fatia de jalapeño para decorar

ramo de hortelã para decorar

Em um copo misturador, adicione a fatia de jalapeno seguida dos cubos de melancia. Macerar com hortelã. Adicione o rum extra-seco Flor de Cana 4 anos, o xarope simples e o suco de limão. Adicione gelo e agite. Coe sobre gelo fresco em um copo alto e cubra com club soda. Integre o club soda com a colher de bar. Decore com triângulo de melancia, fatia de jalapeño e raminho de hortelã.

MOJITO
(TRADICIONAL/CUBANO)

1 onça. Bacardi light rum

1 Colher de Sopa. açúcar

1 Colher de Sopa. limonada

raminho de hortelã de 6 polegadas

gelo para encher

3 onças. refrigerante

2 dashes de Angostura bitters

Coloque o açúcar, o suco de limão e a hortelã em um copo Collins. Esmague o talo de hortelã com o pilão e macere com o suco e o açúcar. Adicione o rum, adicione gelo ao topo do copo e complete com club soda e bitters. Mexa bem. Aproveitar!

MOJITO (CLUBE DA ÁGUA)

1 ½ onças. Bacardi light rum

½ onça. suco de limão espremido na hora

½ onça. suco de limão espremido na hora

1 onça. Guarapo (extrato de cana-de-açúcar)

½ onça. Blue Curacao

6 folhas de hortelã

Splash club soda

hortelã fresca para decorar

Agite bem com gelo. Sirva em um copo Collins e decore com hortelã fresca.

MOJITO (WILD BERRY)

1 ½ onças. Rum Reserva Pyrat XO

2–3 amoras, mirtilos e framboesas frescas

12–14 folhas de hortelã fresca

suco de 1 limão

1 onça. calda comum

borrifar água com gás

ramo de hortelã para decorar

açúcar em pó para decorar

Macere hortelã, xarope simples, frutas silvestres e suco de limão em 14 onças. copo alto. Encha o copo com gelo picado e adicione o rum Pyrat XO Reserve. Mexa bem até que o gelo seja reduzido em 1/3 e, em seguida, cubra com mais gelo picado, mexendo até que o vidro comece a congelar do lado de fora. Borrife com água com gás e mexa uma última vez para incorporar. Decore com dois canudos compridos e um raminho de hortelã polvilhado com açúcar de confeiteiro.

MOJITO (INVERNO)

1 ½ onças. Rum Ron Anejo Pampero Especial

¾ onças. suco de limão fresco

¼ oz. xarope de bordo

2 dashes de Angostura bitters

6 ramos de hortelã

Macere 5 ramos de hortelã e bitters em uma coqueteleira. Adicione o rum Ron Anejo Pampero Especial, limão e xarope de bordo. Deixe descansar por 1 minuto. Agite com força. Coe para um copo duplo old-fashioned com gelo fresco. Decore com o raminho de hortelã restante. Se for feito com água quente, vira um toddy.

MOJITO MARTINI

1 ½ onças. Bacardi Limão

½ onça. vodca de limão

½ lima, esquartejada

8 folhas de hortelã

Encha o copo de martini com gelo picado para resfriar. Encha uma coqueteleira pela metade com gelo picado. Adicione o restante dos ingredientes, tampe e agite por cerca de 1 minuto. Retire o gelo do copo e despeje o mojito.

SANGRIA DA MÃE

8 fatias de maçã Red Delicious

2 laranjas pequenas cortadas em quartos finos

12 morangos fatiados

2 limões cortados em rodelas finas

12 oz. suco de laranja espremido na hora

12 oz. suco de limão fresco

6 onças. calda comum

2 paus de canela

8 onças. Rum Reserva Pyrat XO

8 onças. Citronge

2 garrafas de vinho tinto espanhol

7UP para cima

Coloque os ingredientes acima, excluindo 7UP, em um grande recipiente de vidro. Cubra e refrigere durante a noite. Na hora de servir, despeje em uma jarra com gelo, enchendo 2/3 da forma. Adicione frutas frescas fatiadas e cubra com 7UP. Mexa delicadamente para misturar. Sirva em taças de vinho com gelo.

ESPECIAL MACACO

1 onça. rum escuro

1 onça. rum leve

½ onça. banana, descascada

2 onças. sorvete de baunilha/chocolate

chocolate raspado para decorar

Polvilhe com raspas de chocolate.

CHAVE DE MACACO

1 ½ onças. Rum Sailor Jerry Spiced Navy

suco de toranja para rechear

Despeje o rum Sailor Jerry Spiced Navy com gelo em um copo Collins. Encha com suco de toranja e mexa.

MONTEGO MARGARITA

1 ½ onças. Rum Appleton Estate V/X

½ onça. triplo segundo

2 onças. suco de limão ou lima

1 colher de gelo picado

Mistura. Sirva em um copo alto.

VELA DE LUAR

1 onça. Rum de framboesa do almirante Nelson

1 onça. Rum de coco do almirante Nelson

1 onça. vodka

1 onça. Gin Arrow Sloe

½ onça. amaretto

2 onças. suco de laranja

3 onças. suco de abacaxi

cereja para enfeitar

rodela de limão para decorar

Agite bem e despeje em um copo alto com gelo. Decore com cereja e twist de limão.

A BOLA DE CAMINHÃO DE MORGAN

1 ¼ oz. Rum com especiarias Captain Morgan Original

3 onças. suco de abacaxi

creme de menta branco para flutuar

Misture os dois primeiros ingredientes com gelo. Float creme de menta branco. Sirva em um copo alto.

MORGAN'S JOLLY ROGER

¾ onças. Rum com especiarias Captain Morgan Original

¾ onças. aguardente de canela

Sirva como shot.

VERMELHO DE MORGAN

1 onça. Rum com especiarias Captain Morgan Original

½ onça. aguardente de amora

2 onças. suco de abacaxi

½ onça. suco de limão

Mexer.

MORGAN'S Spiced RUM ALEXANDER

1 onça. Rum com especiarias Captain Morgan Original

½ onça. creme de cacau

1 onça. creme de leite

noz-moscada ralada para polvilhar

Agite e coe para um copo. Polvilhe com noz-moscada.

A MERCADORA DE MORGAN

¾ onças. Rum com especiarias Captain Morgan Original

¾ onças. amaretto

creme de cacau escuro para flutuar

Sirva como shot.

O MOUNT GAY GRINDER

1 ½ onças. Rum Mount Gay

suco de cranberry para rechear

respingo 7UP

Sirva em um copo alto.

SENHOR. LAMBER

1 onça. Rum Gosling's Black Seal

1 onça. licor de damasco

suco de abacaxi para rechear

splash grenadine

Bata com gelo e sirva com gelo.

BTT E GENGIBRE

1½ partes de rum de banana Malibu Tropical

refrigerante de gengibre

rodela de limão para decorar

Decore com rodela de limão.

GRITO ABAFADO

1 onça. Rum Screech da Terra Nova

¼ oz. triplo segundo ou Grand Marnier

2 onças. creme ou leite

Camada Newfoundland Screech e triple sec ou Grand Marnier sobre alguns cubos de gelo em um copo. Cubra com creme ou leite. Ninguém pode ouvir você gritar...

MOLHO DE MAÇÃ DE MYERS

1½ dose de rum Myers

1 rodela de laranja

6 onças. cidra quente

Mexa em uma caneca à prova de calor.

ONDA DE CALOR DE MYERS

¾ onças. Rum escuro original de Myers

½ onça. licor de pêssego

6 onças. suco de abacaxi

1 granadina splash

Despeje os dois primeiros ingredientes em um copo com gelo. Recheie com o suco e finalize com o grenadine.

POTE DE MEL DE MYERS

2 onças. rum de Myers

1 Colher de Sopa. mel

6 onças. água quente

pitada de noz-moscada ralada

No fundo de uma caneca resistente ao calor, misture o mel e o rum de Myers até que o mel se dissolva. Encha com água quente. Mexa até misturar. Polvilhe com noz-moscada. Se desejar, o melaço pode ser substituído por mel.

GOTA DE LIMÃO DE MYERS

1 dose de rum Myers

2–3 torrões de açúcar

suco de ½ limão

6 onças. água quente

1 pau de canela

Em uma caneca resistente ao calor, macere o açúcar, o rum Myers e o suco de limão até que o açúcar se dissolva. Adicione água quente. Mexa com um pau de canela até ficar bem misturado.

LAGARTO DO MYERS'S LOUNGE

1 onça. rum de Myers

½ onça. Leroux amaretto

cola para encher

rodela de lima para decorar

Misture os dois primeiros ingredientes em um copo alto com gelo. Preencha com cola. Decore com rodela de limão.

MYERS'S RUM E TROPICAL HOT COCOA

16 oz. rum de Myers

4 onças. chocolate quente meio amargo

morango com cobertura de chocolate para decorar

Despeje em uma caneca e cubra com raspas de chocolate amargo. Decore com morangos cobertos com chocolate.

BARRIL DE RUM DE MYERS

1 dose de rum Myers

8 onças. bebida quente com sabor de cola

rodela de limão para decorar

Mexa delicadamente em um copo ou caneca à prova de calor. Decore com rodela de limão.

MYERS'S RUM COSY

2 onças. rum de Myers

1 colher de chá. açúcar

6 onças. chá quente

½ onça. triplo segundo

pitada de noz-moscada

Mexa os primeiros quatro ingredientes em uma caneca à prova de calor. Polvilhe com noz-moscada.

MYERS'S RUM HOLIDAY GROG

1 onça. rum de Myers

4 onças. cidra de maçã fresca, quente

rodelas de limão e laranja em fatias finas cravejadas com cravo para enfeitar

Despeje em uma caneca. Decore com rodelas de limão e laranja.

NOG DE FERIADO DE RUM DE MYERS

4 onças. rum de Myers

1 litro de sorvete de baunilha com baixo teor de gordura derretido

cerejas ao marrasquino para decorar

ramos de hortelã para decorar

Misture em uma tigela grande e leve à geladeira. Despeje em taças de champanhe e decore cada uma com uma cereja marasquino e um raminho de hortelã fresca. Serve 6 a 8.

MYERS'S RUM PLANTER'S PUNCH

1 ¼ oz. rum de Myers

3 onças. suco de laranja

suco de ? limão ou lima

1 colher de chá. Açúcar refinado

traço granadina

rodela de laranja para decorar

cereja maraschino para decorar

Agite ou misture até ficar espumoso. Sirva sobre gelo raspado em um copo alto. Decore com rodela de laranja e cereja ao marasquino.

SHARKBITE DE RUM DE MYERS

1 ¼ oz. rum de Myers

suco de laranja para rechear

espirrar granadina de Rose

Despeje o rum de Myers em um copo com cubos de gelo. Encha com suco de laranja e adicione um pouco de grenadine de Rose.

COQUETEL SUNSHINE DE RUM MYERS

1 ¼ oz. rum de Myers

2 onças. suco de laranja

2 onças. suco de toranja

½ colher de chá. Açúcar refinado

dash Angostura bitters

cereja para enfeitar

Agite com gelo até formar espuma e coe em um copo alto com gelo raspado. Decore com cereja.

SIZZLER DE MYERS

1 dose de rum Myers

1 Colher de Sopa. cacau em pó

1 Colher de Sopa. açúcar

1 xícara de leite fervido

chantilly adoçado para cima

café solúvel ou cacau em pó para polvilhar

Em uma caneca resistente ao calor, misture o cacau e o açúcar. Adicione o leite quente e o rum de Myers. Mexa até que o cacau se dissolva. Cubra com chantilly e polvilhe com café instantâneo ou cacau.

PUNCH DE BANCO DE MURTA

1 ¼ oz. Rum com especiarias Captain Morgan Original

¼ oz. granadina

1 onça. limonada

1 colher de chá. açúcar

¼ oz. licor de cereja

cereja para enfeitar

rodela de laranja para decorar

Despeje os primeiros quatro ingredientes em 10 onças. copo sobre gelo picado. Cubra com licor de cereja e decore com cereja e rodela de laranja.

NAVY GROG

½ onça. Rum Sailor Jerry Spiced Navy

½ onça. vodka

½ onça. tequila

½ onça. triplo segundo

1 onça. amaretto

1 onça. suco de laranja

1 onça. suco de abacaxi

1 onça. Suco de oxicoco

rodela de laranja para decorar

cereja para enfeitar

Misture com gelo e despeje em um copo furacão. Decore com rodela de laranja e cereja.

NÉON

5 onças. Rum de coco Captain Morgan Parrot Bay

1 onça. Black Haus aguardente de amora

3 onças. suco de abacaxi

Sirva com gelo.

TERRA NOVA NIGHT-CAP

1 ¼ oz. Rum Screech da Terra Nova

1–2 colheres de chá. açúcar mascavo

café para encher

chantilly para cima

Despeje os dois primeiros ingredientes em uma xícara de café. Complete com o café e mexa. Cubra com chantilly. Leve este para a cama com você!

NILLA COLA

1 onça. Whaler's Vanille rum

5 onças. Cola

espremer limão

rodela de lima para decorar

Despeje em um copo de coquetel com gelo. Decore com rodela de limão.

NINETINI

1 onça. Angostura 1919 Premium rum

½ onça. laranja curaçao

2 onças. mistura agridoce

½ colher de chá. açúcar

4 dashes de bitter aromático Angostura

Sacudir.

NUFF RUM

2 onças. Rum Wray & Nephew

3 onças. Vinho de gengibre de pedras

½ onça. Limoncello

½ onça. xarope de pêssego

3 dashes de Angostura bitters

suco de maçã fresco para flutuar

casca de laranja para decorar

casca de limão para decorar

Construa em um copo old fashioned sobre cubos de gelo e mexa. Decore com casca de laranja e limão.

NYOTA (SWAHILI PARA ESTRELA)

3 onças. Rum Africano Starr

1 ½ onças. purê de acerola

Champanhe Llopart Rosa Cava

cereja amarela para decorar

Agite os dois primeiros ingredientes com gelo e coe em uma taça de martini. Complete com Llopart Rosa Cava ou outro champanhe. Decore com cereja amarela.

O VELHO BERMUDIANO

1 ½ onças. Rum das Bermudas Gosling's Gold

6 folhas de hortelã

2 pitadas de bitter

½ onça. limonada

½ onça. calda comum

¼ oz. champanhe

torção de limão para decorar

Macere as folhas de hortelã em uma coqueteleira com gelo até a metade. Adicione o rum Gosling, bitters, suco de limão e xarope simples. Agite bem e despeje em um copo Collins. Cubra com champanhe. Decore com twist de limão.

COQUETEL "UM GRANDE"

1 ½ onças. Um barril de rum

½ onça. Grand Marnier

½ onça. néctar de manga

¼ oz. suco de limão espremido na hora

fatia de manga para decorar

Agite com gelo e coe em um copo de martini gelado. Decore com uma fatia de manga.

TAÇA DE LARANJA

1 onça. Bacardi O rum

4 onças. suco de laranja

2 onças. refrigerante de gengibre

1 onça. Rum Bacardi Select

rodela de laranja para decorar

pau de canela para decorar

Despeje os quatro primeiros ingredientes em uma taça de vinho. Float Bacardi Select rum no topo. Decore com a rodela de laranja e o pau de canela.

LARANJA COLADA

2 onças. rum de laranja cruzan

1 15 onças. pode Coco Lopez verdadeiro creme de coco

4 onças. suco de abacaxi

4 onças. suco de laranja

Misture com 4 xícaras de gelo.

PIÑA COLADA ORIGINAL

2 onças. Rum leve porto-riquenho (ou, para um toque diferente, experimente o rum de coco Captain Morgan Parrot Bay)

1 onça. Coco Lopez verdadeiro creme de coco

1 onça. creme de leite

6 onças. suco de abacaxi fresco

rodela de abacaxi para decorar

cereja maraschino para decorar

Misture por 15 segundos com ½ xícara de gelo picado. Despeje em 12 onças. vidro. Decore com rodela de abacaxi e cereja ao marasquino. Adicione um canudo vermelho. Dica: Para o melhor sabor tropical, use sempre suco de abacaxi fresco, nunca enlatado ou misturado.

ORO & SODA

2 onças. rum oronoco

Splash refrigerante

rodela de lima para decorar

Despeje o rum Oronoco em um copo baixo com gelo. Salpique com refrigerante e mexa. Decore com rodela de limão.

ORO COSMO

2 onças. rum oronoco

1 Colher de Sopa. Grand Marnier

1 Colher de Sopa. Suco de oxicoco

1 Colher de Sopa. limonada

torção de limão para decorar

Agite com gelo e coe em um copo de martini gelado. Decore com twist de limão.

ORO GIMLET

2 onças. rum oronoco

2 rodelas de lima

2 onças. limonada

respingo tônico

Splash refrigerante

traço xarope simples

rodela de lima para decorar

Macere as fatias de limão em uma coqueteleira. Adicione rum Oronoco, suco de limão e xarope simples e agite vigorosamente com gelo picado. Coe em um copo Collins sobre cubos de gelo. Cubra com salpicos iguais de tônica e refrigerante. Decore com rodela de limão.

ORO NAS ROCHAS

2 onças. rum oronoco

rodela de lima para decorar

Despeje o Oronoco em um copo baixo com cubos de gelo. Decore com uma fatia de limão recém-cortada.

www.ingramcontent.com/pod-product-compliance
Lightning Source LLC
Chambersburg PA
CBHW071428080526
44587CB00014B/1772